T0400654

TRADICIONES Y CELEBRACIONES

DÍA DE LOS MUERTOS

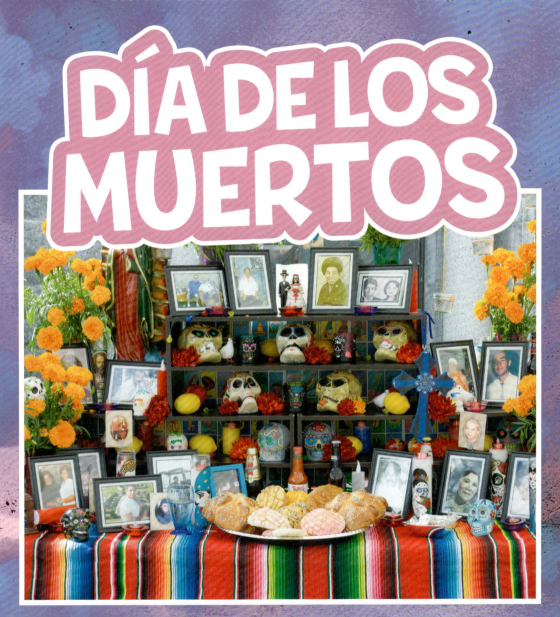

de Alicia Salazar

PEBBLE
a capstone imprint

Publicado por Pebble, una impresión de Capstone.
1710 Roe Crest Drive
North Mankato, Minnesota 56003
capstonepub.com

Los datos de catalogación previos a la publicación se encuentran disponibles en el sitio web de la Biblioteca del Congreso
ISBN: 9798875226878 (tapa dura)
ISBN: 9798875235962 (tapa blanda)
ISBN: 9798875235979 (PDF libro electrónico)

Resumen
Descubre y celebra el Día de los Muertos con esta exploración fáctica de la historia, los eventos y las tradiciones de la festividad.

Créditos fotográficos
Alamy: Jan Sochor, 13, Nacho Calonge, 29; Shutterstock: AGCuesta, 22, Auribe, Cover, 27, betto rodrigues, 1, Jareth Ley, 23, Joe Giampaoli, 17, Kobby Dagan, 5, Loes Kieboom, 7, 15, M Yerman, 12, mark reinstein, 19, Mille HL, 28, nobito, 9, Oleg Elkov, 11, Paullina Sonntag, 24, Quetzalcoatl1, 21, robert gibson z, 8, Roberto Michel, 16
elemento de diseño: Shutterstock: Rafal Kulik

Créditos editoriales
Editora: Erika L. Shores
Diseñadora: Dina Her
Investigadoras de medios: Jo Miller
Especialista en producción: Tori Abraham

Printed and bound in China. 6276

TABLA DE CONTENIDO

Las palabras en **negritas** están en el glosario.

¿QUÉ ES EL DÍA DE LOS MUERTOS?

María y su abuela caminan hacia el **cementerio**. Viven en un pueblo de México. Es el 1° de noviembre. Visitan las tumbas de los familiares que han fallecido. Limpian la tierra y las hojas de las tumbas. Colocan flores frescas en las tumbas. Por la noche, se reúnen con los miembros de la familia para una comida.

Están celebrando el Día de los Muertos. Es un día en que recuerdan y celebran a la gente fallecida.

María y su familia pasan la noche juntos. Incluso pueden quedarse en el cementerio toda la noche. Se reúnen para celebrar las vidas de sus parientes muertos.

Las familias tocan música y bailan. Jóvenes y mayores también participan en un **desfile**. Llevan velas encendidas y caminan por las calles. Algunas personas creen que las velas ayudan a los **espíritus** de los muertos a encontrar el camino hacia sus familias.

El Día de los Muertos dura dos días. Comenzó en México. Muchos otros países latinoamericanos también lo celebran. El primer día es para recordar a los niños que han fallecido. El segundo día es para recordar a los miembros adultos de la familia que han fallecido.

La gente cree que en estos dos días los espíritus de los muertos abandonan el mundo espiritual. Los espíritus visitan a sus parientes vivos. Los espíritus de los seres queridos pueden unirse a las familias en el cementerio o en sus hogares. Comen y bailan juntos.

¿CUÁNDO ES EL DÍA DE LOS MUERTOS?

El Día de los Muertos es los dos primeros días de noviembre. Está cerca de Halloween. Pero no está relacionado con Halloween de ninguna manera. Algunas personas pueden disfrazarse de calacas (esqueletos). Sin embargo, el propósito de la festividad no es disfrazarse. Es un día para rezar y recordar a los familiares fallecidos.

Las calacas que se ven en el Día de los Muertos no tienen la intención de dar miedo. Recuerdan a las personas que los muertos siguen siendo familia incluso si están en el mundo espiritual.

Muchos mexicanos siguen las enseñanzas de la **Iglesia Católica Romana**. En el calendario católico, el 1° de noviembre es el **Día de Todos los Santos**. El 2 de noviembre es el Día de los Fieles Difuntos. El Día de Todos los Santos celebra a los santos de la Iglesia Católica. La gente reza por los muertos en el Día de los Fieles Difuntos.

Un sacerdote dirige un servicio católico.

Muchos mexicanos también honran las tradiciones de su **herencia nativa**. El Día de los Muertos mezcla las tradiciones católicas romanas y las nativas. Es común que la gente vaya a la iglesia o rece el **rosario** para el Día de los Muertos.

EN MÉXICO

María y su abuela armaron una ofrenda en su casa. Una ofrenda es un **altar** con fotos de seres queridos que han fallecido.

La gente suele agregar comida u otras cosas que la persona amaba al altar. María y su abuela agregan muchas flores a su ofrenda.

Una ofrenda para el Día de los Muertos

Hasta hace poco, las celebraciones en México implicaban principalmente reuniones familiares sencillas. Cada familia armaba una ofrenda. Iban a la iglesia a rezar. Luego, la familia iba al cementerio a celebrar.

Una gran exhibición de ofrendas en la Universidad Nacional Autónoma de México

Las celebraciones actuales han crecido. Los pueblos y ciudades colocan decoraciones. La Ciudad de México tiene un desfile todos los años. La gente se disfraza y baila en el desfile. La Universidad Nacional Autónoma de México (UNAM) tiene una gran exhibición de ofrendas.

EN LOS ESTADOS UNIDOS

Los mexicanos que se han mudado a los Estados Unidos han traído también sus tradiciones. El Día de los Muertos es una de ellas. En Estados Unidos, la gente llama a esta festividad el Día de los Muertos.

Muchos mexicanos estadounidenses y sus hijos lo celebran como lo hacían sus familias en México. Preparan una ofrenda, rezan y visitan el cementerio.

Algunos estadounidenses que no tienen raíces mexicanas también participan. Pueden disfrazarse y celebrar con comida y música. Recuerdan a sus seres queridos que han fallecido.

SÍMBOLOS

CATRINAS

Las mujeres se disfrazan de La Catrina. En español, la palabra catrín o catrina significa hombre o mujer bien vestido. La Catrina del Día de los Muertos es diferente. Es una calaca con un disfraz elegante. Las mujeres se maquillan para que su cara parezca calavera. Usan vestidos tradicionales.

Las catrinas suelen ser mujeres. Pero los hombres también pueden disfrazarse. Los hombres usan máscaras de esqueleto con disfraces de **mariachi**.

CALACAS Y CALAVERAS

En español, calacas y calaveras significan esqueletos y cráneos. Los artistas hacen calacas con **papel maché**. Las hacen posar en posiciones divertidas. Algunas están bailando. Algunas están tocando música o casándose.

Calacas

Calaveras

Las calaveras son un símbolo famoso del Día de los Muertos. Los panaderos hacen calaveras de azúcar o chocolate. La gente las compra para colocarlas en sus ofrendas. Los nombres de sus seres queridos están en las calaveras. Algunas personas las dan como regalo o las usan como decoración.

CEMPASÚCHIL

El cempasúchil se conoce como la flor de los muertos. También se utilizan las caléndulas, semejantes al cempasúchil. El cempasúchil es una parte importante de la ofrenda. Se dice que su aroma atrae a los muertos a los altares. Cuando los espíritus regresan para encontrar a los vivos, el aroma del cempasúchil los ayuda a llegar al lugar correcto.

VELAS DE CEBO

Las velas de cebo son velas hechas de grasa. Se hacen como los mexicanos las hacían hace mucho tiempo. Las velas tienen como objetivo iluminar el camino de las almas de los muertos que regresan. La gente las lleva durante las oraciones y procesiones a la medianoche entre el 1 y el 2 de noviembre.

PAN DE MUERTO

El pan de muerto es un pan dulce y redondo. Tiene cuatro tiras que parecen huesos. El pan se coloca en los altares. Es el alimento para las almas de los muertos que regresan a casa el 1 de noviembre. Al día siguiente, la familia viva disfruta del pan.

El Día de los Muertos es una festividad importante. Conecta a las personas con su herencia y también con sus creencias católicas. La gente recuerda y celebra a los seres queridos que han fallecido. También les recuerda a los vivos que deben honrar cada día que estén vivos.

GLOSARIO

altar (al-TAR): una plataforma o mesa que se utiliza como centro de adoración

católico romano (ca-TÓ-li-co ro-MA-no): de la iglesia cristiana dirigida por el Papa

cementerio (ce-men-TER-io): un lugar donde se entierra a los muertos

desfile (des-FI-le): un grupo de personas que se mueven de manera ordenada

espíritu (es-PÍ-ri-tu): la parte invisible de una persona que contiene pensamientos y sentimientos; algunas personas creen que el espíritu abandona el cuerpo después de la muerte

herencia (he-REN-cia): historia y tradiciones transmitidas del pasado

mariachi (ma-RIA-chi): una banda callejera mexicana

nativo (na-TI-vo): personas que originalmente vivían en un lugar determinado

papel maché (pa-PEL ma-CHÉ): pulpa de papel con pegamento que produce un material liviano que se utiliza para dar forma y moldear cosas

rosario (ro-SA-rio): un conjunto de oraciones católicas romanas que se repiten en un orden específico

santo (SAN-to): una persona honrada por la iglesia católica por su santidad

SOBRE LA AUTORA

Alicia Salazar es una autora de libros infantiles mexicano-estadounidense que ha escrito para blogs, revistas y editoriales educativas. También fue maestra de escuela primaria y bióloga marina. Alicia vive en los suburbios de Houston, Texas, pero en el fondo es una chica de ciudad. Cuando no está soñando con nuevas aventuras, las convierte en historias para niños.

ÍNDICE